mon premier dictionnaire

LINA BERGER - SIMONNE BAUDOIN

ISBN 2-203-10407-4
ISSN 0750-0580

La collection FARANDOLE est publiée en :

Américain :	AWARD,	Londres
Anglais :	AWARD,	Londres
Arabe :	LA PHÉNICIE,	Furn el Chebback
Catalan :	JUVENTUD,	Barcelone
Croate :	MLADOST,	Zagreb
Espagnol :	JUVENTUD,	Barcelone
Finlandais :	OY PALETTI,	Helsinki
Gallois :	GWASG Y DREF WEN YF,	Cardiff
Grec :	PAPADOPOULOS,	Athènes
Hébreu :	PICTURES CENTRE,	Tel Aviv
Indonésien :	GRAMEDIA,	Jakarta
Irlandais :	DEPARTMENT OF EDUCATION,	Dublin
Islandais :	FJÖLVI,	Reykjavik
Italien :	LA SORGENTE,	Milan
Japonais :	BOOK LOAN	Osaka
Macédonien :	KULTURA,	Skoplje
Néerlandais :	CASTERMAN,	Doornik-Dronten
Norvégien :	DAMM,	Oslo
Portugais :	VERBO,	Lisbonne
Roumain :	TINERETULUI,	Bucarest
Serbe :	FORUM,	Novi Sad
Slovène :	JUGOREKLAM,	Ljubljana
Turc :	SÜMER YAYINEVI,	Istanbul

A

Abeille

L'abeille fait le miel. Elle habite dans la ruche.

Arbres

Les arbres ont un tronc, des branches et des feuilles. As-tu déjà vu un chêne, un saule, un sapin, un cerisier, un pommier?

Arrosoir

Les fleurs ont soif. Arrose-les avec l'arrosoir.

Auto

L'auto est arrêtée. Le chauffeur est descendu.

Avion

Entends-tu l'avion? Il vole très haut. Bon voyage!

B

Balançoire

Bernadette aime beaucoup aller sur la balançoire.

Ballon

Voici le ballon de Brigitte. Il est rouge.

Banane

La banane vient des pays chauds. C'est un fruit délicieux.

Bateaux

Pour voyager sur l'eau, il faut prendre le bateau. Il y a des bateaux à voile et à vapeur. Le bateau s'abrite dans le port.

Brouette

Avec la brouette, on transporte du sable, des feuilles.

Canard

Le canard est un oiseau. Il aime l'eau et crie : coin-coin.

Cerise

Dans la cerise, il y a un noyau très dur. Attention!

Chat

Le chat du voisin s'appelle Minet. Il aime jouer.

Cirque

Au cirque, on voit un clown et des lions.

Coq

Cocorico, chante le coq. Il est fier de sa crête rouge.

Couteau

Il ne faut pas toucher au couteau : il coupe.

D - E

Dé

Maman se sert du dé pour coudre. Il est en argent.

Dindon

Voici un dindon. Il se promène à son aise. Qu'il est gros!

Dînette

Cette petite fille joue à la dînette. Qui est son invité?

Ecureuil

L'écureuil habite dans les bois. Il aime les noisettes.

Eléphant

Bonjour, monsieur l'éléphant. Je vous ai vu au cirque.

Escargot

L'escargot avance très lentement. Il porte sa maison.

Fleurs

La rose, la tulipe, la marguerite, la pensée, la jonquille, le muguet, la primevère sont de jolies fleurs.

Fourmi

La petite fourmi est toujours très occupée.

Fraise

Quand les fraises sont-elles mûres? Où poussent-elles?

Gâteau

Quel beau gâteau! Est-ce maman qui l'a fait?

Girafe

Il est long, le cou de la girafe! Elle mange les feuilles.

H-I

Hache

Avec la hache, le bûcheron abat les arbres de la forêt.

Hérisson

Hérisson,tu es bien gentil. Mais je ne te caresserai pas...

Hirondelle

L'hirondelle nous quitte à l'approche de l'hiver.

Horloge

La vieille horloge fait tic-tac. Elle sonne l'heure.

Ile

Une terre entourée d'eau de tous côtés s'appelle une île.

Image

Oh, la belle image! C'est Agnès, Line et leur poupée.

Jardinier

C'est le jardinier qui soigne les fleurs dans le parc.

Jouets

A la vitrine du magasin de jouets, il y a une poupée, des cubes, une toupie, un volant, une raquette.

Jésus

Voici le petit Jésus couché dans la crèche.

Kangourou

Le kangourou met ses petits dans sa poche.

Képi

Qui porte un képi? L'agent de police et le facteur.

L

Lapin

Le lapin aime bien les choux, le trèfle et les carottes.

Libellule

Près de l'étang j'ai vu des libellules aux longues ailes.

Lion

Le lion rugit. Il a une crinière. Il habite l'Afrique.

Lit

Le soir, Maman me borde dans mon lit.

Livre

Regarde le beau livre! Papa me l'a donné hier.

Lune

La lune et les étoiles brillent au ciel la nuit.

Maman

Le jeudi, maman va en promenade avec ses enfants.

Maison

La maison est au milieu d'un grand parc.

Mer

Regarde le poisson que j'ai attrapé dans la mer.

Mouche

La mouche est un insecte. Elle a six pattes.

Moulin

C'est le vent qui fait tourner les ailes du moulin.

Mouton

Le mouton crie béé et court dans la prairie.

N

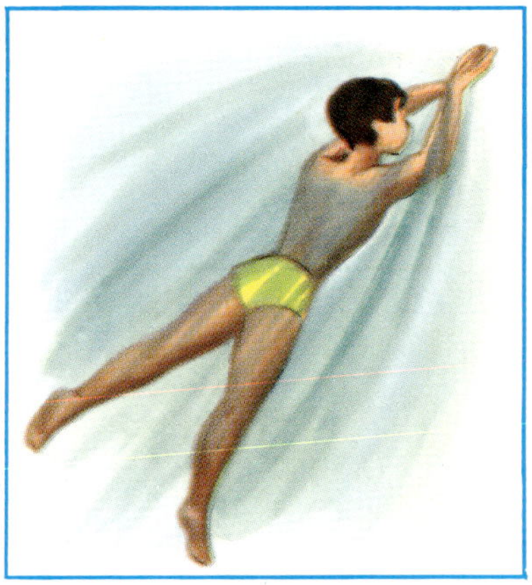

Nageur

Le nageur avance dans l'eau, comme un poisson.

Niche

Cette niche est la maison de Médor, gardien de la ferme.

Nid

Au printemps, les oiseaux bâtissent leurs nids.

Nœud

Nicole aime porter un nœud dans ses cheveux.

Noisette

Quel est l'animal à longue queue qui aime les noisettes?

Noix

La noix est grosse. Sa coquille est très dure.

Oeuf

Voici un œuf. Il est bleu avec des taches noires.

Oiseaux

Les oiseaux ont un bec, des ailes, une queue. Le bouvreuil, le canari, l'aigle, le moineau, le canard, sont des oiseaux.

Orange

Avec le jus de l'orange on fait de l'orangeade.

Ours

Sa fourrure est très épaisse. C'est l'ours brun.

Outils

Le tourne-vis, le marteau, la pince sont des outils.

P-Q

Paon

Le paon est fier de ses plumes. Il va faire la roue.

Perroquet

Le perroquet est un bel oiseau qui parle.

Pomme

La pomme est le fruit d'un arbre appelé pommier.

Poisson

Le poisson a des nageoires. Il vit dans l'eau.

Poule

La poule pond des œufs. Elle ne vole pas beaucoup.

Quilles

Le jeu de quilles est très amusant. Qui veut jouer?

Raisin

Le raisin pousse en grappes sur la vigne.

Râteau

Le râteau sert à ramasser le foin et les feuilles.

Renard

Le renard vit dans les bois. Il a une belle fourrure.

Réveil

Le réveil sonne : je me lève et je m'habille.

Rose

La rose est la plus belle des fleurs. Elle sent très bon.

Ruche

Une ruche est une petite maison pour les abeilles.

S

Sapin

Le sapin est un arbre qui reste vert toute l'année.

Scie

La scie est un outil qui sert à couper le bois.

Serpent

Le serpent n'a pas de pattes. Il avance en rampant.

Soleil

Le soleil éclaire la terre. Où est-il le matin? le soir?

Singe

Le singe grimpe aux arbres. Il est agile et très adroit.

Souris

La petite souris trottine dans le grenier.

Tambour

Philippe a eu un beau tambour avec des baguettes.

Tarte

Maman a fait une tarte aux cerises. C'est le dessert.

Tigre

Le tigre ressemble à un gros chat. Il habite l'Asie.

Tortue

La tortue porte une carapace. Elle avance lentement.

Tracteur

Le fermier conduit son tracteur dans les champs.

Usine

Dans cette usine les ouvriers font des autos.

V-W

Vache

La vache mange de l'herbe dans la prairie.

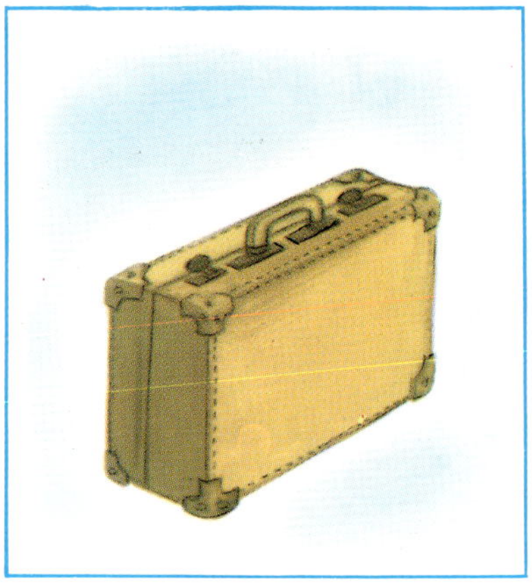

Valise

Viviane va partir en vacances. Elle prépare sa valise.

Vélo

Le vélo a une selle, deux roues et un guidon.

Vin

Le vin est fait de jus de raisin. Ceci est du vin rouge.

Violon

Le violoniste joue du violon avec un archet.

Wagon

Le wagon roule sur les rails et transporte les voyageurs.

X-Y-Z

Xylophone

Xavier joue du xylophone avec deux marteaux.

Yaourt

Le yaourt est fait avec du lait. On le mange bien sucré.

Zèbre

Le zèbre ressemble au cheval. Il court très vite.

Zoo

Au zoo ou jardin zoologique habitent beaucoup d'animaux des pays lointains : lions, tigres, ours blancs et bruns, chameaux, ibis, flamants roses, singes, hippopotames et d'autres encore.

Imprimé en Belgique par Casterman, s.a., Tournai, décembre 1984. N° édit.-impr. 1600.
Dépôt légal : 4e trimestre 1955 ; D. 1981/0053/164.
Déposé au Ministère de la Justice, Paris
(loi n° 49.956 du 16 juillet 1949 sur les publications destinées à la jeunesse).